Henry Fielding

Das verschlagene Kammermädchen

Ein Lustspiel in zwei Aufzügen

Henry Fielding

Das verschlagene Kammermädchen
Ein Lustspiel in zwei Aufzügen

ISBN/EAN: 9783744702942

Hergestellt in Europa, USA, Kanada, Australien, Japan

Cover: Foto ©ninafisch / pixelio.de

Weitere Bücher finden Sie auf **www.hansebooks.com**

Das
verschlagene
Kammermädchen

Ein Lustspiel

in zwey Aufzügen

von

H. Fielding, Esq.

Mannheim, 1782.

Gutall.

Valentin, sein Sohn.

Lottich, seine Magd.

Altschloß.

Traulich, sein Bedienter.

Lord Puff.

Lord Ornwall.

Der Marquis.

Gordon.

Turleß.

Oberst Riston.

Maulschelle.

Madame Hochmann.

Charlotte, ihre Nichte.

Nakeit, ihr Bedienter.

Wache, Damen, Bediente :c.

———————

Das verschlagene
Kammermädchen.

Erster Aufzug.

Erster Auftritt.

Ein öffentlicher Spaziergang.

Madame Hochmann. Jungfer Lottich.

Mad. Hochmann.

O! Ist Sie's, Jungfer Lottich? ich bin
froh, Sie anzutreffen; ich habe was mit
Ihr zu reden.

Jungf.

Jungf. Lottich. Ich bin sehr zu Ihren Diensten, Madame.

Mad. Hochmann. O! das weiß ich. Und zu Jedermanns Diensten, der Sie bezahlen will. Allein allen Dienst, den ich von Ihnen verlange, ist Ihrem Herrn eine Botschaft zu bringen. — Sage Sie ihm von meinetwegen, daß er ein sehr schlechter Kerl ist, und daß ich ihn ersuchen lasse, nie wieder in mein Haus zu kommen; denn sollte ich ihn noch einmal da finden, so jage ich meine Nichte zum Hause hinaus.

Jungfer Lottich. Madame, die Botschaft müssen Sie ihm durch einen andern senden. Allein was hat denn mein Herr gethan, daß er so ein Kompliment verdient?

Mad. Hochmann. Wie ich glaube, noch nichts. Dank sey dem Himmel und meiner Klugheit. Allein, ich weiß, was er im Schilte führt.

Jungf. Lottich. Gewiß nichts, als was einem rechtschaffenen Manne anständig ist.

Mad. Hochmann. O Jungfer Lottich! ein junges Mädchen verführen heißt freylich

eine

eine Handlung, die einem rechtschaffenen Manne anständig ist. Allein ich werde meine Nichte
vor den Händen solcher rechtschaffenen Leute zu
bewahren wissen.

Jungfer Lottich. Sie thun meinem
Herrn grausam unrecht; ich weiß, daß seine
Absichten auf Ihre Nichte ehrlich sind.

Mad. Hochmann. Das weiß Sie!

Jungfer Lottich. Madame, niemand
kennt das Herz meines Herrn besser, als ich.
Wären seine Absichten nicht gut, so würde ich
ihm dazu behülflich seyn; ich liebe Ihre Nichte
zu sehr, um einen Liebshandel zu befördern,
der sie unglücklich machen könnte. Da ich aber
weiß, daß mein Herr sie herzlich liebt, und
daß sie ihn eben so herzlich wieder liebt, da ich
überzeugt bin, daß sie sehr glücklich miteinander
leben werden, so will ich auch Himmel und Er-
de bewegen, um sie zusammen zu bringen.

Mad. Hochmann. Das ist eine Unver-
schämtheit, die ihres gleichen nicht hat. Mensch,
ich habe eine andre Parthie für sie; sie soll den
Herrn Altschloß nehmen.

Jungf. Lottich. O ho! O ho! so haben Sie also unehrliche Absichten auf ihre
Nichte.

Mad. Hochmann. Wie, Nasenweise!

Jungf Lottich. Madame, wenn Sie
ein junges Mädchen, die einen jungen Kerl
liebt, mit einem Alten zusammen kuppeln wollen, den sie haßt, so ist das der sicherste Weg
alles mögliche Unheil anzustellen.

Mad. Hochmann. Das kann ich nicht
länger ausstehen. Hören Sie, Jungfer, ich
rathe Ihr und Ihrem Herrn aus meinem Hause
zu bleiben, oder ich werde solche Maasregeln
nehmen, die Euch beiden nicht gefallen werden.

(geht ab.)

Jungf. Lottich. Ich trotze allem, was
Sie thun können; wir haben die stärkste Par-
they, und werden Sie gewiß unter die Füße
kriegen. Aber hier kömmt ja das junge Frauenzimmer selbst.

Zwey-

Zweyter Auftritt.

Charlotte. Lottich.

Charlotte. Iſt Sie's, Jungfer Lottich?

Jungf. Lottich. O! Madame, Scha-
de, daß Sie nicht einen Augenblick eher gekommen ſind; ſo eben geht Ihre Muhme weg,
die mir poſitiven Befehl hinterlaſſen hat, daß
Sie mich und meinen Herrn öfters beſuchen
ſollen.

Charlotte. Wirklich!

J. Lottich. Ja, Madame, denn ſie hat
meinem Herrn verboten ferner in ihr Haus zu
kommen, und ich weiß, daß Sie unmöglich
leben können, ohne ihn zu ſehen.

Charlotte. So! denkt Sie denn, daß
ich ſo ſehr in ihn verliebt bin?

J. Lottich. O! ich weiß, daß Sie es
ſind. Sie lieben ſonſt nichts, Sie denken ſonſt
ten ganzen Tag an nichts, und wenn Sie die
Wahrheit geſtehen wollen, ſo wette ich, daß
Ihnen auch die ganze Nacht von nichts anders
träumt, als von meinem Herrn.

Char-

Charlotte. Und um Ihr zu zeigen, Jungfer Lottich, wie gut Sie mich kennt — hol mich der Teufel, — wenn Sie nicht Recht hat.

Jungf. Lottich. Ach, Madame; einem Frauenzimmer, das mit der Liebe bekannt ist, wie ich es bin, braucht man nicht zu beichten. Man darf mir nicht erst sagen, was ich einem an den Augen ansehe. O wenn Liebende nur die Augen ihrer Geliebten zu Rathe ziehen wollten, da würden wir nicht so viel von Seufzen, Schmachten und Verzweifeln hören.

Dritter Auftritt.

Valentin. Die Vorigen.

Valentin. Liebste Charlotte, das heißt in der That meinen Wünschen zuvor kommen: ich wollte so eben zu Ihnen gehen.

Lottich. Es ist sehr glücklich, daß Sie sie hier treffen, denn ihr Haus ist verbottener Boden: die Madame Hochmann schwört, daß Sie keinen Fuß wieder hinein setzen sollen.

Val. Ha! ich sollte nicht hingehen, wo meine liebe Charlotte ist! was für Gefahr könnte mich

mich abschrecken? was für Schwierigkeiten mir
dies verhindern? Keine Kanonen, keine Pest,
ja die fürchterlichsten Gestalten des Todes sollten mich nicht von ihren Armen abhalten.

Charlotte. Hier wird Ihre Tapferkeit
wohl eben nicht auf die Probe gestellt werden.
Die Gefahr betrift mich. Man will mich aus
dem Hause jagen, so bald Sie wieder da er-
scheine.

Val. Ihre Gefahr würde in der That
meine Tapferkeit auf die strengste Probe stellen.
Allein warum will meine theure Charlotte länger bey einer Person im Hause bleiben, die ihr
mit dem Herausjagen droht? warum will sie
kein andres Haus für das Ihrige erkennen?
ein Haus, wo sie einen Beschützer wider jede
Gefahr finden würde?

Charl. Wie können Sie sagen, daß Sie
mich lieben, Valentin, und doch das in unsern
gegenwärtigen verzweifelten Umständen von mir
verlangen?

Lottich. Beschuldigen Sie ihn nicht mit
Unrecht, Madame. Ich will eben nichts sagen,
daß er Ihnen in dieser Forderung einen großen

Be-

Beweiß seiner Klugheit gebe, aber gewiß giebt er Ihnen einen großen Beweiß seiner Liebe, und zwar so groß, daß ein ehrliches, rechtschaffenes und dankbares Mädchen es ihm weiter nicht abschlagen sollte. Hätte ich je einen Liebhaber angetroffen, der keine eigennützige Absichten auf mein Vermögen gehabt hätte, ich hätte ihn geheyratet, er hätte mögen seyn, wer er wollte.

Charlotte. Ihr Vermögen!

Lottich. Mein Vermögen, ja Madame, mein Vermögen; ich war sechs und fünfzig Karolinen reich, ehe ich sie in die Lotterie setze; was itzt daraus werden wird, kann ich nicht sagen: allein einer muß doch das große Looß bekommen, und warum ich denn nicht?

Val. O liebe Charlotte, dächten Sie doch so, wie ich; beim Himmel! Ich fürchte mich vor keiner andern Gefahr, als Sie zu verlieren. Glauben Sie mir, die Liebe wird uns alle Gefahren hinlänglich versüßen.

Lottich. Geschwind, geschwind, machen Sie sich beide aus dem Staube; da kommt der Herr Altschloß eben um die Ecke, sieht

er

er Sie beisammen, so sind Sie verloren. (Valentin und Charlotte gehen ab.)

Itzt will ich den alten Gecken schrauben: denn es ist höchst unverschämt von solchen alten Pfuschern, wenn Sie sich in junger Leute Spaß mischen wollen.

Vierter Auftritt.

Altschloß. Lottich.

Altschloß. Hm! hm! es wehet ein scharfer östlicher Wind; geschähe es nicht um meine Geliebte zu besuchen, ich wäre wahrhaftig heute den ganzen Tage nicht auß dem Hause gegangen.

Lottich. Ihre Dienerinn, Herr Altschloß.

Altschloß. Ganz gehorsamer Diener Madame, ich muß — ich muß gestehen, ich habe nicht die Ehre Sie zu kennen.

Lottich. Männer von Ihrem Ansehen sind bekannter, als sie selbst wissen, oder sich erinnern können. Ich bin ein armes Kammermädchen bei einer Dame von Ihrer Bekanntschaft, bei der Mademoiselle Charlotte Hochmann.

Alt

Altschloß. O, ganz gehorsamer Diener, ich hoffe, daß sich Ihre Gebieterin wohl befindet.

Lottich. Hm! so, so, — Sie schickt mich mit einem kleinen Auftrag zu Ihnen.

Altschloß. O, ich bin der glücklichste Mann von der Welt.

Lottich. Sie läßt Sie um eine besondre Gefälligkeit bitten.

Altschloß. Ihre Befehle sind mir eine Ehre.

Lottich. Sie läßt Ihnen sagen, daß wenn Sie die geringste Liebe für Sie hätten, so möchten Sie sie nie wieder besuchen.

Altschloß. Was! was!

Lottich. Sie ist ein sehr wohlerzogenes, höfliches, und gutherziges Frauenzimmer, und läßt nicht gerne Jemanden grobe Dinge sagen; sie befahl mir also blos Ihnen zu hinterbringen, daß sie Sie haßt, verachtet und mehr als irgend ein Geschöpf auf dem Erdboden verabscheuet; ferner, daß wenn Sie durchaus heyrathen wollen, so empfiehlet sie Ihnen eine gewiße vortrefliche alte Kindermagd, die möglicher

licher Weise durch ihr Geld dahingebracht werden kann, alles zu thun, nur nicht mit Ihnen zu Bette zu gehen, und letzlich fügte sie noch hinzu! daß Sie bei diesem kalten Wetter nie ohne eine warme Wein-Suppe zu Bette gehen, und nie allein schlafen möchten, zum wenigsten nicht ohne ein Paar Flanellene Hemder.

Altschloß. Halt dein unverschämtes Maul.

Lottich. Werden Sie nicht böse, mein Herr Altschloß, ich vollziehe blos meinen Auftrag; und das so bescheiden, so höflich und kurz, als möglich ist.

Altschloß. Deine Gebieterin ist eine unverschämte Rotznase, und ich will es ihrer Mutter sagen.

Lottich. Das wird nichts helfen; Sie sollten sich lieber ihrer Gutherzigkeit anvertrauen; ich bin Ihre Freundinn, und wenn wir nur drey kleine Hindernisse überwinden können, so verzweifle ich gar nicht Sie beide noch zusammen zu bringen.

Altschloß. Was sind das für Hindernisse?

Lot-

Lottich. Zu erst, Ihr hohes Alter, Sie sind zum' wenigsten sechs und sechsig.

Altschloß. Gelogen; daran fehlen noch verschiedene — — Monate.

Lottich. Nun, wenn das nicht ist, so werden wir diesen ersten Punkt leicht überwinden. Die eine Helfte Ihres Vermögens kann Ihr Alter vollkommen gut machen.

Altschloß. Dawieder habe ich nichts.

Lottich. Das zweite Hinderniß ist, Ihr schreckliches, unmanierliches Wesen. Dies ist ein gewaltiges Hinderniß bei einem Mädchen, das alles liebt, was schön, stutzermäßig und geckenhaft ist; und doch denke ich, daß wir das auch durch die andre Helfte Ihres Vermögens überwinden könnten. — Itzt bleibt nur noch eins: können Sie das aus dem Wege räumen, so verspreche ich Ihnen die Charlotte; und dieses letzte Hinderniß ist — — Ihr abscheuliches Gesicht, das niemand ohne Schrecken und Eckel ansehen kann.

Altschloß. Du unverschämtes Mensch! ich will es deiner Gebieterinn sagen, sie soll dich wegjagen.

Lot-

Lottich. Da würden Sie mich schön für alle meine Ihnen geleisteten Dienste bezahlen.

Altschloß. Dienste!

Lottich. Ja, Dienste, große Dienste; und um Ihnen zu zeigen, daß ich Sie für geschickt zum Ehestande halte, so will ich Sie selbst nehmen. Wer kann geschickter zum Ehestande seyn, als ein Mann von Ihrem hohen Alter und Geschmack! denn meiner Meynung nach könnten Sie doch unmöglich so ungewissenhaft seyn, und länger als ein Jahr, oder aufs höchste anderthalb Jahre leben; da würde mir dann ein großen Leibgedinge gut wieder ersetzen, was ich in dieser Zeit mit Ihnen ausgestanden hätte; doch alles mit dem Beding, daß wir in abgesonderten Theilen des Hauses wohnen, und ich einen jungen schönen Kammerdiener zur Bedienung habe.

Altschloß. Ihr seyd ein unverschämtes, nasenweises Ding, und ich hätte Lust — O! ich bin so voller Zorn, ich werde mich in einer halben Stunde nicht wieder erholen können. (Geht ab.)

Fünf=

Fünfter Auftritt.

Rakeit. Die Vorige.

Lottich. Du bist in der That ein sehr artiger Liebhaber für ein junges Frauenzimmer.

Rakeit. Ihr Diener Jungfer Lottich; was hat denn Sie mit dem alten Ritter Altschloß zu schaffen?

Lottich. Wir redeten von der Liebe, die er zu der Jungfer Charlotte trägt, oder vielmehr von Ihrer Liebe zu ihm. Ich habe ihn so lange geschoren, bis er völlig wüthend geworden ist; itzt geht er vielleicht gar hin und schlägt sie.

Rakeit. Laß Sie doch Ihre Schwänke unterwegens, wir müssen immer dafür bezahlen. Itzt hat Sie ihn in böse Laune gesetzt; er wird unsre gnädige Frau auch in böse Laune setzen, und so können wir alle Prügel bekommen.

Lottich. Glaubt er denn, Schlingel! ich wollte nicht lieber zwanzig solche Kerl, wie er ist, zu tode prügeln sehen, als daß man meinem Herrn seine Geliebte stehlen sollte?

Ra-

Rakeit. Ganz gehorsamer Diener, Mademoiselle; Sie braucht sich eben nicht so viele Mühe zu geben, mich von Ihrer zärtlichen Liebe gegen meinen Herrn zu überzeugen. Ich glaube er hat andre Geliebten, als die in unserm Hause sind; aber hol's der Henker, ich habe zu viel Lebensart um eifersüchtig zu seyn: Ich bin nicht der erste Kavalier vom buntfärbigtem Regiment, der gleiches Schicksal mit seinem Herrn theilt.

Lottich. Nicht mit solchen Herrn, als Valentin ist. Freylich, mit den kleinen hüpfenden Stutzern mag's geschehen. Diese und ihre Bediente sind oft in Kleidung und Aufführung einander so ähnlich, daß ein Frauenzimmer auf eine sehr unschuldige Art ungetreu werden, und den einen für den andern nehmen kann. Vielleicht verlieren sie auch bei solchen Wechsel nichts.

Rakeit. Aber, liebe Lottich, mir gefällt diese Heyrath in unsre Familie gar nicht.

Lottich. Warum nicht?

B   Ra-

Rakeit. Sie weis, daß Ihr Herr in sehr schlechten Umständen ist, und Charlotte hat auch kein Vermögen.

Lottich. Sie hat freylich noch keines, aber ihre Muhme Hochmann ist sehr reich.

Rakeit. Das wird ihr wenig helfen.

Lottich. Weiter können ihre zwey Brüder sterben; ihr Oheim in Yorckschire auch, der nur fünf Kinder hat, wovon eins die Blattern noch nicht gehabt hat. Ferner sind zwischen ihr und einem Irrländischen Baron nur noch vierzehn oder fünfzehn Erben.

Rakeit. Ja, ja, wann die Pest einmal drey oder vier Jahre nach einander kömmt, so wird sie gewiß noch reich werden. Kurz, auf unsrer Seite ist nur wenig Hofnung, wenn auf der Ihrigen nicht mehr ist. —

Lottich. O, Hofnung genug auf unsrer Seite. Hofnung, daß mein junger Herr sich beßert, denn er kann unmöglich schlimmer werden. Hofnung, daß mein alter Herr nicht wieder nach Hause kömmt. Hofnung, daß er ersäuft, wenn er sich über die See wagt. Hofnung, daß die Sterne vom Himmel fallen. —

Ra-

Rakeil. Liebe Lottich, scherze Sie doch nicht mit solchen ernsthaften Dingen, als Hunger und Durst. Glaube Sie im Ernst, daß es mit Ihres Herrn Gastereyen ein Ende hat?

Lottich. Weit gefehlt, noch heute giebt er ein großes Mahl, wozu seine Gebieterinn und ein Dutzend Herren und Damen eingeladen sind.

Rakeil. Das Maul fängt mir an zu wässern. Ihr Herr ist doch ein recht ehrlicher Mann. Vielleicht hält er es noch drey oder vier Wochen länger aus.

Lottich. Da irrt er sich: es hat keine Gefahr, daß er mehr Gastereien halten wird; denn so bald heute die Gesellschaft weggegangen seyn wird, kömmt ein gewisser Herr, den man Tröbler nennt, der wird alles was im Hause ist mit sich nehmen.

Rakeil. Eine schöne Art ein Haus zu meubliren, und eine Frau darinn aufzunehmen. Ihr Herr giebt mir ein gutes Beyspiel, wenn wir beyde einmal einander heyrathen.

Lottich. Tölpel! denkt er denn, daß ich Ihn nehmen will.

　　　　Ra

Rakett. Wenn ich ſonſt nichts beſſers für mich finden kann.

Lottich. Daß ich Dich liebe iſt gewiß, aber was ich eigentlich in Dir liebe, begreife ich nicht, es müßte denn Deine unüberwindliche Unverſchämtheit ſeyn.

Rakett. Ich habe ſoviel Unverſchämtheit, als ein Kavalier haben ſoll; und nichts glückt beſſer beym Frauenzimmer.

Lottich. Adieu, Schlingel!

Sechſter Auftritt.

Valentin. Turleß.

Val. Ich bin Ihnen 500 Karolinen ſchuldig, Kapital und Intereſſe, wie Sie ſagen.

Turleß. Rechnen Sie ſelbſt nach, ſo werden Sie es richtig finden.

Val. Ich glaube Ihnen auf Ihr Wort. Seyn Sie nur ſo gütig, und leihen mir noch 500, ſo werde ich Ihnen tauſend ſchuldig ſeyn.

Turleß. Das Geld war nicht mein eignes: ich hatte es von einem andern, der es nun wieder fordert und bezahlt ſeyn will.

Val.

Val. Er mag so lange fordern, als er will: so lange ich nichts habe, ist das alles umsonst. Doch mir fällt ein Mittel ein: wenn das Geld, das Sie mir geliehen haben, einem andern gehörte, der es itzt durchaus wieder haben will, so zahlen Sie ihm, leihen mir noch fünfhundert und nehmen die ganze Schuld auf sich.

Turleß. Herr, es mangelt mir selbst an Geld, sonsten wäre es zu Ihrem Befehl: ich hoffe also, daß Sie die Bezahlung nicht länger aufschieben werden.

Val. Ich bin heute ausserordentlich beschäftiget, bitte Sie also ein andermal wieder zu kommen.

Turleß. Herr, ich bin so oft wieder gekommen, daß ich des Wiederkommens ganz müde bin. Zahlen Sie mich nicht in drey Tagen, so schicke ich Ihnen einen andern Boten. Ihr Diener.

(geht ab.)

Sie

Siebenter Auftritt.

Valentin.   Traulich.

Val.   Nun, ehrlicher Traulich, wie ist's
abgelaufen?

Traulich.   Ich bin mit dem Ringe beym
Juwelier gewesen.   Sie sagten, daß er Ihnen
hundert Karolinen gekostet, der Juwelier wollte
nicht mehr als fünfzig geben, die ich angenom-
men habe.

Val.   Recht gut.

Traulich.   Von der alten silbernen Schüs-
sel, die Ihr Vater auf achtzig Karolinen schätz-
te, sagte der Herr Weißwascher, daß zu viel
für den Macherlohn gerechnet wäre: über dem
wäre sie alt und aus der Mode, so daß er mir
nur zwanzig anbot: da ich aber wußte, daß Ew.
Gnaden Geld brauchten, so nahm ich es an.

Val.   Recht gut.

Traulich.   Die goldene Repetiruhr habe
ich wieder zu dem Meister getragen, der sie
gemacht hat.   Ich erinnerte ihn, daß er einige
fünfzig Karolinen dafür empfangen hätte, er

sagte

sagte aber, daß sie in zwey Jahren sehr abge-
nutzt wäre; daß der große und kleine Abel itzt
keine goldene Uhren mehr haben wollte, son-
dern lauter Tombackene; er hätte binnen vier
Wochen keine zwo goldene Uhren abgesetzt, er
wollte mir also nur die Helfte dafür geben, und
das, dachte ich, wäre doch besser, als gar nichts,
ich gab sie ihm also für den Preiß.

Val. Ganz recht.

Traulich. Aber das ist alles nichts gegen
den Kerl in der Tröblergaße, der mir für die
zwey schönen Kleider, die Ew. Gnaden gewiß
über hundert Karolinen gekostet haben, nur
sechszehn geben wollte. Ich habe ihm derbe die
Wahrheit gesagt, und sie wieder mit zurück ge-
bracht.

Val. Du hättest das Geld nehmen sollen.

Traulich. Ein erstaunliches Glück war
es, daß ich Ihre alten Medaillen retten können.
Gerade als ich sie verkaufen wollte, flisperte ein
Herr mir ins Ohr, daß in ungefehr vierzehn
Tagen ein Kavalier käme, der sechsmal so viel
dafür geben würde.

Val. In vierzehn Tagen! Was vierzehn
Tage! Vierzehn Tage ist ein Jahrhundert. Ich
gebe nicht einen Schilling für ein Landgut, das
mir erst in vierzehn Tagen heimfallen soll. Gieb
mir das Geld, das Du gelöset hast, und ver-
kaufe gleich das Uebrige.

Traulich. Ach! mein lieber Herr, ich
wünschte Ew. Gnaden möchten doch überlegen,
wo es hinaus will. Ich, für mein Theil, fürchte, daß mein alter Herr wieder nach Hause komme; und sollte er nicht kommen, um Gotteswillen, was wollen Sie weiter anfangen!

Val. Darum bekümmere Du Dich nicht;
geh, thue, was ich befehle.

(Traulich geht ab.)

Achter Auftritt.

Valentin. Ein Bedienter.

Bedienter. Ein Herr in Trauerkleidung
verlangt mit Ihnen zu sprechen.

Valentin. Führt ihn herein. (Der Bediente geht ab.) Wäre nur meine liebe Charlotte hier!

Neun-

Neunter Auftritt.

Valentin. Maulschelle.

Valentin. Unterthäniger Diener, mein
Herr, ich habe nicht die Ehre Sie zu kennen.

Maulschelle. Das glaube ich, mein Herr:
ich bitte um Verzeihung, ich habe einen kleinen
Verhaftsbefehl auf Sie.

Val. Auf mich!

Maulschelle. Erschrecken Sie nicht, es
betrift nur eine Kleinigkeit: ungefehr 200 Karolinen.

Val. Was soll ich thun?

Maulschelle. Was Sie wollen. Bezahlen Sie das Geld, oder stellen Sie einen
Bürgen.

Val. So gleich kann ich keines von bey-
den thun, und ich erwarte diesen Augenblick
Gesellschaft. Sie werden mir doch auf mein
Wort bis Morgen früh trauen?

Maulschelle. O, ja! mein Herr, von
Herzen gerne. Wenn Sie nur sich bemühen
und mit mir nach meinem Hause gehen wollen,
das hier nahe bey ist, so sollen Sie recht gut

B 5   empfan-

empfangen und bewirthet werden, und ich will
Ihr Wort annehmen.

Val. Nach Deinem Hause, Spitzbube!

Maulschelle. Trotzen Sie nicht, Herr;
es ist umsonst.

Valent. Wohlan denn. He! Bediente,
Kristoph, Jörgen, Peter, (Bediente kommen.)
werft den Kerl die Stiege hinunter.

Maulschelle. Herr, das ist ein Aufschub,
nichts weiter, als ein Aufschub; ich will gleich
Verhaftsbefehl vom Oberrichter haben.

(Maulschelle wird hinausgeworfen.)

Zehnter Auftritt.

Valentin. Charlotte.

Charlotte. O, Valentin, was bedeutet
das! ich bin zum Tode erschrocken! Man hat
Degen gezogen! Sie sind doch nicht verwundet,
mein Lieber.

Val. Von Niemanden, als von Ihnen,
meine Liebe: ich habe keine Wunden, als die
Sie heilen können.

Charlotte. Dem Himmel sey Dank!
Was war denn der Anlaß zu dieser Balgerey?

Val.

Val. Nichts, meine Theure, als ein paar Fechtmeister — ich drehte mich nur, und einer von Ihnen, versetzte mir einen Hieb auf den Rücken: das ist alles.

Charl. O! Sie sehen die Gefahr, der ich mich Ihrentwegen aussetze. Wüßte meine Muhme, daß ich hier wäre, ich wäre ewig unglücklich. Um Gotteswillen, was werden die übrigen von der Gesellschaft denken, wenn Sie mich hier sehen! O! ich erschröcke daran zu denken.

Val. Meine theure Charlotte, Sie wissen, daß Sie es in Ihrer Gewalt haben, der Welt das Stillschweigen aufzulegen, so bald Sie wollen. Und o! Charlotte! ich wünschte, Sie machten heute noch dieses Haus zu Ihrer ehelichen Wohnung.

Charl. Dringen Sie nicht darauf, Valentin, denn ich würde es Ihnen nicht abschlagen können, die Folgen möchten seyn, welche sie wollten. Wäre ich Ihrer Beständigkeit versichert; wüßte ich daß Sie immer so zärtlich und verliebt seyn würden, wie Sie itzt sind;

Glau-

Glauben Sie mir, es wäre nicht in der Macht
des Schicksals mich elend zu machen.

Val, Trauest Du denn nicht meinen
Schwüren! ich weiß nicht, wie ich mich fester
an Dich binden soll, als ich schon gethan habe.
Glaube mir Charlotte, deine Verdienste sind
Dir Bürge für meine Treue.   Die Männer sind
beständiger, wie Du Dir einbildest.   Der um's
Geld freyet, ist dem Gelde seines Weibes getreu; der um Schönheit freyet, bleibt getreu,
so lange die Schönheit dauret; aber wer um
Verdienste heyrathet, wie ich thue, wird ewig
beständig bleiben.

Charl. Nun, wir müssen es alle wagen.
An Glücksgüter denke ich am wenigsten.   Ein
Frauenzimmer, das seine Klugheit so weit trei-
ben und auf Vermögen sehen kann, betrügt Sie,
wenn sie sagt, daß sie Sie liebt. In jeder
Brust, wo die Liebe wohnet, herrscht sie auch
allein, und ersetzt, nach meiner Meynung, vollkommen die Abwesenheit der Madame Klugheit.

Val. Liebstes, bestes Mädchen, noch heute
sollst Du die meinige werden.

Zwey-

Zweiter Aufzug.

Erster Auftritt.

Valentin, (mit seiner Gesellschaft nach der Tafel.)

Val. Ruft die Tänzer herein. Die Damen werden so gütig seyn diesen Theil der Bewirthung so gut mit ihrer Gegenwart zu beehren, als den ersten.

Marquis. Je vous felicite de votre Gout, Monsieur Valentin, mais allons dansons nous mêmes.

Val. (zur Lottich.) Mein Vater ist angekommen!

Lottich. Ja, Herr, und wird den Augenblick hier seyn.

Val. Tod, Hölle und Teufel! Was soll ich thun Lottich? Ich muß alles Deiner Erfindungskraft überlassen, hilft mir die nicht, so bin ich verloren.

Lottich. Wohl, ich will ihnen so gut heraushelfen, als ich kann Seyn Sie nicht bekümmert, genießen Sie Ihre Freunde, und thun sie, als wenn nichts geschehen wäre. Ich
will

will mich Ihrem Vater in den Weg legen, und
vor der Thüre zu ihm kommen. Verschliessen Sie
alle Zugänge des Hauses und öffnen Niemanden.

Val. Sey glücklich, liebstes Mädchen.
Meine Herren und Damen, was wollen Sie
spielen? Karten oder Hazard?

Alle. Hazard! Hazard!

Marquis. (im Weggeben.) Hazard! ma
voix est toujours pour hazard!

Zweyter Auftritt.

Eine Straße.

Gutall, und sein Bedienter, der einen
Mantelsack trägt. Lottich.

Gutall. Die verfluchte Landkutsche von
Portsmouth hat mich mehr ermüdet, als meine
ganze Reise vom Vorgebürge der guten Hoffnung. Aber dem Himmel sey Dank, ich sehe
doch einmal mein Haus wieder. O, wie wird
sich mein Sohn freuen, daß ich ein ganzes Jahr
früher zurück komme, als ich gesonnen war.

Lottich. (für sich.) Er würde sich weit
mehr freuen; wenn er hörte, daß Du noch auf
dem Vorgebürge der guten Hoffnung wärest.

Gu-

Gutall. Ich werde doch wohl meinen guten Buben zu Hause finden: er wird vor Freude sterben, wenn er mich sieht.

Lottich. (für sich.) Ich glaube, daß er schon halb todt ist; aber itzt meine Rolle. O, Himmel! was sehe ich! eine Erscheinung!

Gutall. Lottich!

Lottich. Ist das mein lieber Herr Gutall, der zurückgekommen ist? oder ist es der Teufel in seiner Gestalt! sind Sie es persönlich selbst?

Gutall. Ja, wie geht's, Lottich?

Lottich. Ganz zu Ew. Gnaden Diensten. Ich freue mich sehr, Sie bey so guter Gesundheit zu sehen. Die Ostindische Luft hat Ihnen sehr gut angeschlagen; Sie sollten Ihrer Gesundheit (bey Seite) unsrer Ruhe — wegen noch länger da geblieben seyn.

Gutall. Was macht mein Sohn? wie hat er sich in meiner Abwesenheit aufgeführt? Er hat doch wohl meine Sachen gut in Acht genommen.

Lot-

Lottich. Dafür stehe ich Ihnen: er hat Ihre Sachen in solchen Stand gesetzt, daß Sie darüber erstaunen werden.

Gutall. Gut. Er geht doch wohl alle Tage auf die Börse; der Actienhandel ist gerade gegangen, wie ich es vermuthet: hat er meinem Rath gefolget, so muß er viel Geld aufgehäufet haben.

Lottich. Nicht einen Heller.

Gutall. Wie! wie! wie!

Lottich. Herr, er hat es gleich wieder ausbezahlt, sobald es eingieng.

Gutall. Wie?

Lottich. Ausgelegt, meyne ich; auf Interesse, Herr, auf Interesse.

Gutall. Das ist recht gehandelt, mich verlangt ihn zu sehen, klopf an die Thüre.

Lottich. Er ist nicht zu Hause, und wenn Sie so sehr verlangen ihn zu sehen —

Dritter Auftritt.

Gordon. Die Vorigen.

Gordon. Ihr Diener, Jungfer Lottich.

Lott.

Lottich. Ihre Dienerin, Herr Gordon. — Da ist ein schelmischer Wucherer, der
die rechte Zeit weiß, wenn er sein Geld fordern
soll.

Gordon. Höre Sie, Jungfer Lottich,
ich bin müde alle Tage hinter ihrem Herrn her
zu laufen, ohne ihn zu finden; bezahlt er mich
nicht noch heute, so verklage ich ihn morgen.
Tausend Karolinen ist keine Kleinigkeit —

Gutall. Was, was, was hör ich da!

Lottich. Ich will es Ihnen hernach er-
klären.

Gutall. Ist mein Sohn Ihnen tausend
Pfund schuldig?

Gordon. Ihr Sohn!

Gutall. Ja, Herr, der Herr von diesem
Mädchen, der hier im Hause wohnt, der Herr
Valentin Gutall ist mein Sohn.

Gordon. Ja, mein Herr, er ist mir so
viel schuldig, und es ist mir lieb, daß Sie zurück gekommen sind, um mich zu bezahlen.

Gutall. O, mein Herr, darüber müssen
wir noch reden.

E Lott

Lottich. Sie werden diese Schuld gewiß mit vielem Vergnügen bezahlen, wenn Sie hören, daß blos sein weises Verfahren Ursache davon ist.

Gutall. Weises Verfahren! aus weisem Verfahren Geld schuldig seyn.

Lottich. Ja, Herr, er hat ein Haus für zweytausend Karolinen gekauft, das gewiß über viertausend werth ist, welches er nicht hätte thun können, ohne tausend Pfund aufzunehmen. Ich und er, und Traulich sind die ganze Stadt durchgeloffen, um in der Geschwindigkeit das Geld zu bekommen, damit er so einen guten Handel nicht verlieren möchte. — (für sich) Itzt wird er's doch wohl bezahlen wollen.

Gutall. Ich freue mich, daß mein Sohn, so weise haushält — Sie, mein Herr, brauchen sich weiter nicht zu bemühen; kommen Sie morgen früh, so sollen Sie Ihr Geld haben.

Gordon. Ihr Wort ist mir für eine weit größere Summa hinlänglich; Ihr unterthänigster Diener.

(geht ab.)

Gu.

Gutall. Nun, in welchem Theil der Stadt hat denn mein Sohn ein Haus gekauft?

Lottich. In welchem Theil der Stadt?

Gutall. Ja, ein Theil ist besser gelegen, als der andre — zum Beyspiel dieser hier —

Lottich. Und gerade in diesem Theil ist es.

Gutall. Doch nicht das das große Haus da drunten?

Lottich. Nein, nein, nein. Sehen Sie das Haus da, wo die Fenster aussehen, als wenn sie so eben gewaschen wären.

Gutall. Ja.

Lottich. Das ist es nicht — etwas weiter hin sehen Sie ein andres sehr hohes Haus, höher, als alle andre Häuser in der Straße.

Gutall. Ja.

Lottich. Allein es ist nicht das — itzt geben Sie wohl acht auf das Haus gerade gegen über, ein sehr schönes Haus; ist es nicht?

Gutall. Ja, in der That.

Lottich. Das ist es auch nicht — allein Sie können eines sehen, das außerordentlich große Pforten hat: fast gegen über ist ein an-

dres,

dres, das grade gegen einer Straße über ſteht,
an dem Ende dieſer Straße ſteht das Haus,
das Ihr Sohn gekauft hat.

Gutall.   In der Straße iſt kein ſchönes
Haus, als der Madame Hochmann ihres, wenn
ich mich recht erinnere.

Lottich.   Eben das iſt das Haus.

Gutall.   Das iſt wirklich ein ſehr guter
Handel; wie kommt aber eine Frau in ihren
Umſtänden dazu, daß Sie ihr Haus verkauft.

Lottich.   Es iſt unmöglich von den Hand-
lungen andrer Rechenſchaft zu geben.   Außerdem
iſt ſie von Sinnen.

Gutall.   Von Sinnen!

Lottich.   Ja, Herr, ihre Familie iſt bey
der Obrigkeit eingekommen, und hat ſie der
Tollheit überwieſen; und ihr Sohn, der ein
äußerſt liederlicher Kerl iſt, hat alles, was ſie
beſaß, für die Hälfte des Werths verkauft.

Gutall.   Ihr Sohn! Sie war ja nicht
verheyrathet, als ich abreißte.

Lottich.   Nein, Herr; allein zu jedermanns Verwunderung, und zum Aergerniß un-
ſers ganzen Geſchlechts erſchien auf einmal ein
jun-

junger muthwilliger Kerl, denn sie für ihren
Sohn ausgab; sein Vater war Grenadier beym
ersten Garde-Regimente.

Gutall. Abscheulich!

Lottich. Ach! Lieber Herr, wenn jedes
Kind in der Stadt seinen rechten Vater kennen
sollte; wenn Kinder nur die Güter derer erben
sollten, die sie gezeugt haben, das würde eine
erstaunliche Verwirrung absetzen.

Gutall. Gut, allein ich schwätze hier zu
lange. Klopf an die Thüre.

Lottich. (bey Seite) Was soll ich thun?

Gutall. Du scheinest bestürzt! es ist doch
meinem Sohne kein Unglück zugestoffen?

Lottich. Nein, Herr, aber —

Gutall. Aber! aber was? Bin ich in
meiner Abwesenheit bestohlen worden?

Lottich. Nein, Herr, eben nicht bestohlen worden, Herr, — was soll ich sagen?

Gutall. Erkläre Dich, rede!

Lottich. Ach! lieber Herr, ich kann mei-
ne Thränen nicht länger zurückhalten — Gehen
Sie nicht, ich bitte Sie, gehen Sie nicht in
Ihr Haus, in das liebe, werthe Haus, das

Sie und ich und mein armer junger Herr vor
sechs Monaten noch so sehr liebten.

Gutall. Nun, was ist den seit sechs Monate mit meinem Hause vorgegangen?

Lottich. Gespenster, Herr! es spuckt darinnen. Die schrecklichsten Erscheinungen, die
je gesehen oder gehört worden sind. Sie sollten
denken, daß der Teufel Besitz davon genommen
hätte; ich glaube es wenigstens. Aller wilder
Lärm des ganzen Erdbodens wird da gehört:
das Grunzen der Schweine, das Schleifen der
Messer, das Heulen der Winde, das Brüllen
des Meers, das Schreyen der Eulen, das Heulen der Wölfe, das Schreyen der Esel, das
Winseln der Kinder, und das Keifen der Wei-
ber; alle zusammen genommen machen kein so
abscheuliches Concert. Das hab' ich selbst gehört. Und dann hab' ich Dinge gesehen! Einen
Kerl mit zwanzig Köpfen und in jedem hundert
Augen, hundert Nasen und hundert Mäuler.

Gutall. He! raßt das Mensch! Geh weg
von der Thüre; ich will sehen, ob der Teufel
mich hindern kann, in mein Haus zu gehen.
Spucken! zum Henker!

Lee-

Lottch. Herr, ich thue es aus Freund-
schaft; Sie sollen nicht hinein gehen.

Gutall. Was, nicht in meinem Hause!

Lottch. Nicht ehe, bis der Teufel her-
ausgetrieben worden ist; es sind itzt eben zwey
Priester hinter ihm her. Horchen Sie! ich
glaube gar, die Teufel tanzen; Horchen Sie
nur selbst, und gehen hinein, wenn Sie können.
(Man hört lachen.)

Gutall. Ha! Gott sey uns gnädig! ich
höre einen Lärmen. O, Himmel! was für abscheuliches Brüllen! (man hört schreyen und lärmen.)

Lottch. Ich muß mir seinen starken Aber-
glauben zu Nutzen machen. (für sich.) — (laut)
Wie konnten Sie denken, daß ich Sie hinter-
gehen wollte? — Eine ganze Legion Teufel
spucken in Ihrem Hause. Alle Ihre Leute sind
daraus vertrieben worden, und dies war haupt-
sächlich mit Ursache, warum er der Madame
Hochmann Ihr Haus abgekauft hat, weil er
in diesem nicht länger wohnen konnte.

Gutall. Ich bin in einem kalten Schweiß!
Mein Sohn hat das Haus verlassen?

Lot-

Lottich. Ach! guter Herr, wüßten Sie, was wir während ganzer vierzehn Tage für Schrecken ausgeſtanden, beſonders ich armſelige, die ich jede Nacht durch ungeheuer große Dinge erſchreckt wurde, und jeden Augenblick fürchtete, was ſie mir thun würden.

Gutall. Iſt das alles wahr, oder betrügſt Du mich? ich habe in der That viel von Er- ſcheinungen gehört, und wenn richtige Gründe dazu da ſind, ſo glaube ich auch daran; allein warum es grade in meinem Hauſe ſpucken ſollte, kann ich nicht begreifen.

Lottich. Man ſagt, daß, eh Sie noch das Haus gekauft, ein Mord darinn geſchehen ſey.

Gutall. Ich will ſchon wegen allem ge- naue Erkundigung einziehen, inzwiſchen muß ich dieſen Mantelſack nach dem neuen Hauſe meines Sohnes ſchicken.

Lottich. Nein, Herr, das wird ſich für izo nicht ſchicken.

Gutall. Was! ſpuckt's da auch?

Lottich. Nein, Herr, aber die Mada- me Hochmann iſt noch im Beſitz davon. Ich
ſagte

sagte Ihnen ja zuvor, daß sie ihrer Sinnen beraubt wäre, und wenn sie das geringste von dem Verkauf ihres Hauses hört, so verfällt sie augenblicklich in die heftigste Raserey.

Gutall. Nun, ich werde mich schon in ihre Narrheit zu schicken wissen.

Lottich. Ich wünschte, daß Sie ein paar Tage —

Gutall. Du machst mich ungedulbig: ich will gleich hingehen.

Lottich. Da kommt sie selbst; erinnern Sie sich ihres armseligen Zustandes, und sagen Sie ja nichts, das sie böse machen kann.

Vierter Auftritt.

Mad. Hochmann. Die Vorigen.

Mad. Hochmann. Was sehe ich! der Herr Gutall ist zurück gekommen!

Lottich. Ja, Madame, er ist es; aber leiber! es ist nicht mehr der vorige Mann — er ist von Sinnen; der Verlust, den er während seiner Reise erlitten, hat ihm den Kopf verrückt; er ist völlig toll.

E 5   Mad.

Mad. Hochmann. Das thut mir herzlich leid. Armer Mann!

Lottich. Sollte er von ungefehr mit Ihnen reden, ſo achten Sie gar nicht auf das,
was er ſagt. Wir wollen ihn ſo bald möglich
in's Tollhaus einſchlieſſen.

Mad. Hochmann. für ſich.) Seine Ge-
ſichtszüge verändern ſich alle Augenblick.

Gutall. (für ſich.) Wie jämmerlich ſie
ausſieht! ſie ſchießt ſchreckliche Blicke!

Mad. Hochmann. Unterthänige Dienerin, Herr Gutall; ich freue mich über ihre Zu-
rückkunft, obſchon mir Ihr Unglück zu Herzen
geht.

Gutall. Ich muß Gebuld haben, und dem
Himmel und der Macht der Prieſter trauen, die
itzt bey der Arbeit ſind, die böſen Geiſter zu bannen, die ſo menſchenfeindlich in meinem Hauſe
ſpucken.

Mad. Hochmann. In ſeinem Hauſe
ſpucken! Armer Mann! Allein, ich darf ihm
nicht widerſprechen, das würde ſeinen Zuſtand
nur verſchlimmern.

Gu-

Gutall. Unterdessen, Madame Hochmann, werden Sie mir erlauben, daß ich meinen Mantelsack in Ihr Haus tragen lasse.

Mad. Hochmann. Mein Haus ist zu Ihren Diensten, und ich bitte, daß Sie es, als Ihr eignes ansehen mögen.

Gutall. Madame, ich möchte um alles in der Welt willen nicht Sie in Ihren betrübten Umständen noch beleidigen, allein — Lottich, die Frau spricht doch nicht als wenn sie verrückt wäre!

Lottich. Sie hat gute, helle Zwischenzeiten, aber der Anfall kommt bald wieder.

Gutall. Ich bedaure Ihr Unglück, Madame Hochmann: hätte man es mir nicht so gewiß versichert, ich hätte es in der That nicht glauben können. Allein ich habe schon dergleichen Leute in Ihrem Zustand gesehen, die in Zwischenzeiten sehr vernünftig geredt haben; sagen Sie mir also doch die Ursache Ihrer Tollheit: Ich kann mir nicht einbilden, daß die Ihrigen hinlängliche Beweise bey der Obrigkeit vorgebracht haben, um Sie ins Tollhaus stecken zu lassen.

Mad.

Mad. Hochmann. Mich in's Tollhaus stecken zu lassen! mich! mich!

Gutall. Sie ist toller, wie ich glaubte.

Mad. Hochmann. Nun, wenn Sie nicht bösartiger sind, als Sie itzt zu seyn scheinen, so hätte man doch Unrecht Sie einzuschliessen.

Gutall Mich einschliessen! Ha, ha, ha! das ist possierlich! in der That. Ha, ha, ha! — Doch liebe Madame Hochmnan, betrüben Sie sich nicht darüber, daß Ihr Haus verkauft ist; denn Sie sollen noch immer ein Zimmer darinnen haben, und es ansehen, als wenn es das Ihrige wäre, und Sie noch Ihre gesunde Vernunft hätten. Es ist doch immer besser, daß mein Sohn es gekauft hat, als ein andrer.

Mad. Hochmann. Was ist das! Als wenn ich noch meine gesunde Vernunft hätte! Hören Sie, Herr Gutall, Sie sind ein armer verrückter Elender, und brauchen ein dunkles Zimmer und sauberes Stroh.

Gutall. O, Madame! Reden Sie so, so will ich Ihnen den nächsten Weg zur Thüre hinaus weisen; räumen Sie mein Haus, denn

in

in zwey Tagen werde ich alle Zimmer mit Waaren anfüllen.

Fünfter Auftritt.

Maulschelle, ein Häscher mit Gehülfen, und die Vorigen.

Maulschelle. Das ist die Thüre, Häscher.

Lottich. Was itzt zu thun ist, weis der Himmel.

Häscher. Oefnet die Thüre, he! ins König's Namen, oder ich breche sie auf.

Gutall. Wer seyd Ihr, ins Teufels Namen? und was habt Ihr in dem Hause zu suchen?

Maulschelle. Ich habe einen Arrestanten da drinnen, und von dem Lord Oberrichter einen Verhaftsbefehl wider ihn.

Gutall. Für was für eine Summa? Seyd Ihr ein Friedensrichter?

Maulschelle. Herr ich bin ein Diener Seiner Königlichen Majestät, und habe heute einen gewissen Valentin Gutall, der hier im

Hause

Hauſe wohnt, wegen einer Schuld von zwey,
hundert Pfund in Verhaft genommen: ſeine Be,
diente haben ihn mit Gewalt aus meinen Hän,
den gerettet, und deswegen habe ich Verhafts,
befehl vom Lord Oberrichter.

Gutall. Was höre ich! — Freund, das
Haus, das Ihr da aufbiethen wollt, iſt von Ge,
ſpenſtern voll, es ſpuckt abſcheulich darinnen:
itzt ſind ein paar Prieſter da, um den Teufel zu
bannen.

Maulſchelle. Ich will den Teufel beſſer
bannen, als alle Prieſter in Europa: ich ver,
ſichre Sie. Komm, Häſcher, thue deine Pflicht;
ich habe keine Zeit zu verlieren. Herr, ich ha,
be noch verſchiedene Verhaftsbefehle zu vollzie,
hen, eh' es Nacht wird.

Lottich. Ich habe meinen Paß lange ge,
nug vertheidigt, itzt iſt es keine Feigheit, wenn
ich davon laufe.

(geht ab.)

Sechs,

Sechster Auftritt.

Oberst Riston. Monsieur le Marquis. Maulschelle. Gutall. Häscher und Gehülfen.

Oberst Riston. In's Teufels Namen,
was bedeutet der Lärmen! Ihr Schurken! warum stöhrt Ihr lustige Herren, die sich so voll
saufen, wie Lords?

Maulschelle. Herr, wir haben gerichtliche Befehle!

Oberst Riston. Hol der Teufel Eure
gerichtliche Befehle! packt Ihr Euch nicht den
Augenblick, so sollt Ihr meine Befehle sehen:
ich schicke Euch alle zum Teufel.

Maulschelle. Das ist eben der Kerl! ich
habe auch einen Verhaftsbefehl wider ihn; hätte
ich ihn nur bey mir!

Häscher. Herr Maulschelle, sollen wir
ihn zu Boden schlagen?

Maulschelle. Herr, lassen Sie uns in's
Haus, um unsern Arrestanten zu ergreifen.

Oberst Riston. Bey meiner Ehre, das
geschieht nicht.

L.

Le Marquis. Que signific donc tout ce Tapage! quels vitains Anglois! Vautrebleu! Allons, Monsieur le Colonel, choffons ces Coquins!

Maulschelle. Widersetzen Sie sich, so brauche ich Gewalt.

Oberst Riston. Wollt Ihr Gewalt, so will ich Euch Hunden Gewalt zeigen. (Er jagt sie fort.)

Gutall. Ich bin wahrhaftig ausser mir! ich bin ganz rasend toll! ich bin zu Grunde gerichtet, angeführt, betrogen! Doch, beym Himmel, ich will sehen, was in meinem Hause vorgeht.

Oberst Riston. Halt! hier kommen Sie nicht herein.

Gutall. Nicht in mein Haus, Herr?

Oberst Riston. Nein, Herr, wenn es das Ihrige ist, so müssen Sie nicht hinein gehen.

Le Marquis. Vous n'entrerez pas, Monsieur.

Gutall. Meine Herren, ich verlange nur mit dem Herrn vom Hause zu sprechen.

Oberst

Oberst Riston. Der Herr von diesem
Hause will mit keinem solchen Kerl sprechen, wie
Ihr seyd: Ihr schickt Euch gar nicht für die Ge-
sellschaft, die im Hause ist.

Gutall. Der Herr von diesem Hause ist
mein Sohn.

Oberst Riston. O! o! Ihr ganz gehor-
samster, unterthänigster Diener: ich freue mich
unendlich, Sie so glücklich zurückgekommen zu
sehen. Erlauben Sie, mein werther, lieber,
theurer Herr, daß ich Sie dem jungen Herrn
vorstelle. Monsieur le Marquis, quelque chose
de nouveau, voilà le Pere de Monsieur Valentin!

Le Marquis. Ah! Monsieur, je suis ravi
de vous voir.

Gutall. Ganz unterthäniger Diener, meine Herren.

Oberst Riston. Erlauben Sie, mein
Herr, ich muß Ihnen sagen, daß Sie die Ehre
haben, Vater von dem feinsten, wohlerzogen-
sten jungen Herrn zu seyn, der itzt in England
ist. Ein so vollkommner Mann, so wohl gesit-
tet, so großmüthig, daß er keinen Gast von sich

D laßen

laſſen würde, ſo lange er einen Sechſer im Sacke hat, oder einen borgen kann.

Gutall. Das glaube ich wirklich, mein Herr, wundern Sie ſich alſo nicht, wenn ich ungedulbig bin ihn zu ſehen.

Oberſt Riſton. Eilen Sie nicht, ich muß zuvor mit Ihnen wegen Ihren Angelegen‐heiten reden: ich hoffe doch, daß Sie in Oſtin‐dien glücklich geweſen ſind, daß Sie die Oſtin‐diſche Geſellſchaft hübſch betrogen, und ein un‐ermeßliches Vermögen geſammlet haben.

Gutall. Ich habe keine Urſache zu klagen.

Oberſt Riſton. Das freuet mich, und wird auch Ihren Herrn Sohn freuen, ich ſchwö‐re darauf: ſo ein Vermögen wird ſehr zu gele‐gener Zeit kommen, denn er brauchte es. Sie können ſich nicht einbilden, was für ein herrli‐ches Leben er ſeit Ihrer Abweſenheit geführt hat. O! es würde Ihrem Herzen gut thun, wenn Sie nur wüßten, was für eine ſchöne Equipage er gehalten, welche Bälle und Gaſtereyen er ge‐geben hat. Die ganze Stadt ſpricht von ihm: Jedermann arbeitet mit Vergnügen für ſolch einen Sohn. Er iſt ein Kerl, der eine Seele hat,

hat, ober ich will verdammt seyn! Ihr Vermögen wird an ihm nicht weggeworfen seyn,
denn häufen Sie so viel Sie wollen, ich setze
mein Leben darauf, daß er jeden Pfenning ver-
thun wird.

Gutall. Allein, mein Herr, laffen Sie
mich doch dies Wunder, meinen Sohn sehen.

Oberst Riston. Sie sollten ihn würklich
schon lange gesehen haben, allein das Haus ist
etwas in Unordnung anjezt: es ist nur ein ein-
ziges meublirtes Zimmer darinnen, und das ist
so voll Gesellschaft, daß ein ganz kleiner Man-
gel an Stühlen seyn würde. Sie können sich
nicht vorstellen, wie Sie so sehr zur gelegenen
Zeit kommen: es war im ganzen Haufe nicht
das geringste mehr, worauf man Geld borgen
könnte.

Gutall. Was! wo sind alle meine Schil-
bereyen.

Oberst Riston. Die hat er zuerst verkauft: er war gezwungen sie wegen seines guten
und feinen Geschmacks zu verkaufen: er ist gewiß der gesittteste junge Mensch in der ganzen
Stadt. Hundertmal hat er sich gegen mich über

D 2   die

die unanständige Freyheit beklagt, mit der die Maler die Brüste und andre Theile des Frauenzimmers malen. Sie hatten wirklich eine sehr ärgerliche Sammlung; er konnte nicht ruhen bis sie aus dem Hause war.

Siebenter Auftritt.

Valentin. Die Vorigen.

Valentin. Mein Vater wiedergekommen! o! ich muß mich ihm zu Füßen werfen! Glauben Sie, mein Vater, ich bin zugleich voller Schaam und voller Freude Sie wieder zu sehen.

Oberst Riston. Sagte ich Ihnen nicht, daß er der gesitteste junge Mensch in England wäre?

Gutall. Du hast Ursache Dich zu schämen. Komm, laß mir den inwendigen Theil meines Hauses sehen; laß sehen ob meine Mauren noch alle stehen.

Val. O, Herr Vater, ich habe große Gesellschaft drinnen, lauter vornehme Leute: beschimpfen Sie mich doch nicht in ihrer Gegenwart!

Gu

Gutall. O, ich bin ein ganz gehorsamer Diener vor Deiner Gesellschaft; ich bin allen den vornehmen Leuten unendlich verbunden, daß sie sich so großmüthig herablassen, und einen armen Bürger zum Hause und Lande hinaus fressen wollen.

Oberst Riston. Hör Marquis, wollen wir den alten Kerl in ein Bettuch prellen?

Val. Vater, ich verlasse mich auf Ihr gutes Herz, und hoffe, daß Sie mir verzeihen werden. Kommen Sie herein.   (gehen ab.)

Achter Auftritt.

Ein Speisezimmer.

Lord Ornwall. Lord Puff ꝛc.

Lord Ornwall. Ich sagte Ihnen vorher, Mylord, daß es unmöglich länger dauren könnte; sobald die Kutsche verschwand, mußte ich auch, daß der Herr bald folgen würde.

Lord Puff. Ich habe ihm kürzlich auch noch einen kleinen Stoß im Piquet gegeben, der ihm mit zum Falle geholfen hat.

Lord

Lord Ornwall. War's beträchtlich?

Lord Puff. Eine Kleinigkeit: ich hätte es nicht erwähnt, wenn es von einem andern gewesen wäre: aber in seinen Umständen muß es doch scharf gedrückt haben.

Lord Ornwall. Hol mich der Teufel! es ist eine Lust, wenn man so kleine bürgerliche Kanaille zu Grunde richten kann, wenn sie sich untersteht uns Vornehmen an ausschweifenden Ausgaben gleich zu kommen.

Lord Puff. Daß doch solche pöbelhafte Schurken, die gehalten sind ihre Schulden zu bezahlen, sich mit Leuten von Stande einlassen wollen, die davon ausgenommen sind!

Neunter Auftritt.

Gutall. Valentin. Charlotte. Oberst Riston. Der Marquis, und die beyden vorigen Lords.

Valentin. Meine Herren und Damen, ich habe die Ehre Ihnen meinen Vater vorzustellen, der so eben aus Indien zurücktömmt.

Gu

Gutall. Meine guten Lords, (damit ich Niemanden beleidigen und ihm einen geringern Titel beylegen möge, als ihm gebührt) ich empfinde und erkenne die hohe Ehre, die Sie mir und meinem Sohne anthun, wenn Sie mein Haus mit Ihren edlen Personen, und Ihre edlen Personen mit meinem Wein und meinen Speisen anfüllen: ich weis gewiß, daß Sie alle sehr viel zu der Ausschweifung meines Sohnes beygetragen haben, wofür ich Ihnen sehr verbunden bin, hoffe auch ganz demüthig, daß ich ihn und Sie alle in meinem Leben nicht wieder sehen werde.

Lord Ornwall. Bruder Puff, was will der Kerl damit sagen?

Lord Puff. Hol mich der Teufel, wenn ich's verstehe.

Gutall. Ich freue mich recht sehr, daß mein Sohn sich in so guter und vornehmer Gesellschaft zu Grunde gerichtet hat; wenn ich ihn itzt enterbe, so hat er doch Hoffnung versorgt zu werden. Ihr allerseitiges Ansehn bey Hof, Ihre Macht, wird ihm gewiß eine ansehnliche Bedienung verschaffen.

D 4 Lord

Lord Ornwall. Herr, alles was in meinem Vermögen iſt, ſteht zu ſeinen Dienſten.

Lord Puff. Von meiner Seite auch.

Lord Ornwall. Allein, laſſen Sie ſich
ein Wort in's Ohr ſagen — Ihr Sohn iſt ein
recht lüderlicher Kerl.

Gutall. Das iſt wahr, allein überlegen
Sie daß Sie ihm beygeſtanden haben: deswegen
werden Sie auch ſeiner Noth mit ein paar tauſend Pfund beyſtehen.

Lord Ornwall. Ich verſtehe Sie nicht,
mein Herr.

Gutall. Nun, mein Herr, damit Sie
mich verſtehen mögen, ſo muß ich Ihnen deut-
lich ſagen, daß er ſolchen feinen, vornehmen
Herren, wie Sie ſind, ſeinen Untergang zu ver-
danken hat.

Lord Ornwall. Mir! Herr! Donner
und Wetter, Herr! Sie müſſen wiſſen, daß ich
Ihnen zu viel Ehre anthue, wenn ich in Ihr
Haus komme; allein es iſt mir lieb, daß Sie
mir die Lehre geben ſolche Handwerker in's künf-
tige zu vermeiden. Komm, Puff, gehn wir in
die Oper. Wenn ein Mann kein gutes Blut
in

in seinen Adern hat, so lehrt ihm der Reichthum
doch nicht höflich seyn.

Lord Puff. Kanaille!

(Lord Puff und Lord Ornwall ab.)

Gutall. Hölle und Teufel! ich möchte rasend werden, daß ein Kerl gegen mich mit dem
guten Blut in seinen Adern prahlen will, da
doch das beste Blut in seinen Adern durch meine
Flaschen gelaufen ist.

Erste Dame. Lord Ornwall und Lord
Puff sind fort! Kommen Sie meine Liebe, die
Assemblee ist aufgebrochen; lassen Sie uns eilen,
sonst kommen wir zu einer andern zu spät.

Zweyte Dame. Von Herzen gerne, denn
ich bin dieser herzlich müde.

Dritte Dame. Kommt, kommt, laßt uns
gehen. (Die Damen gehn ab.)

Der Marquis. Allons, quitons le bour-
geois.

Oberst Riston. Herr, Ihr seyd ein jäm-
merlicher, elender Kerl. Hätte ich nicht Freund-
schaft für Euren Sohn, ich würde Euch zeigen,
wie man mit Leuten von Stande umgehen soll.

(Der Oberst Riston und der Marquis gehen ab.)

D 5 Char-

Charlotte. Armer Valentin, wie zärtlich fühl ich sein Unglück!

Gutall. Warum folgst Du nicht Deiner
Gesellschaft?

Val. Ach! Herr Vater, ich empfinde alles,
was ich gethan habe, so schmerzlich, ich könnte
vor Ihrem gerechten Zorn in eine Wüste fliehen;
ja, ich thue es, wenn Sie mir nicht vergeben.

Gutall. Wer sind Sie, Madame, daß
Sie zurück bleiben, wenn die andre Gesellschaft
weggeht? Hier ist weiter kein Unheil anzustiften,
die vornehmen Damen haben hier also nichts
mehr zu thun.

Charlotte. Mein Herr, ich bleibe hier,
um Sie zu bitten, Ihrem unglücklichen Sohn zu
vergeben, der sonst unter der Bürde Ihrer Un-
gnade versinken wird.

Gutall. Ha! Madame, wenn das alles
ist, so können Sie sich nur fortpacken, denn ich
werfe meinen Sohn gleich auch zum Hause hinaus.

Charlotte. Nun, so bin ich entschlossen
bey ihm zu bleiben. Trösten Sie sich, Valentin, ich habe ein kleines Vermögen, daß von
                                        mei-

meiner Muhme nicht abhängt! es wird uns
glücklich machen, wenigstens auf eine Zeitlang:
und ein Jahr, ein Monat, ein Tag bey dem
Manne, den ich liebe, ist mir lieber, als ein
dummes Jahrhundert ohne ihn.

Val. O! liebste, beste Charlotte! eine
Stunde bey Dir ist mir lieber, als alles was mir
der Himmel sonst geben kann.

Zehnter Auftritt.

Altschloß. Madame Hochmann. Die Vorigen.

Altschloß. Hier, Madame können sie ihre
Augen überzeugen, wenn Sie mir nicht glauben
wollen.

Mad. Hochmann. Was sehe ich! meine
Nichte in den Armen Ihres Verführers, und
sein Vater der Anstifter davon. — Herr, Ihre
Tollheit entschuldiget dieses Verfahren gar nicht.

Gutall. Madame, ich bitte, vergeben
Sie mir, was ich heute zu Ihnen gesagt habe;
das gottlose Mensch hat mich hintergangen, und
wird Ihnen ohne Zweifel das nemliche von mir
ge-

gesagt haben. Ich versichre Sie, daß ich nicht toll bin, glaube auch nicht, daß Sie es sind.

Mad. Hochmann. (Zu der Charlotte.) Du Niederträchtige! Du Schandfleck Deiner Familie! Wie unterstehst Du Dich vor mein Gesichte zu kommen?

Charlotte. Madame, ich habe nichts gethan, darüber ich mich zu schämen bräuchte; ich darf vor der ganzen Welt erscheinen.

Gutall. Ist dies junge Frauenzimmer eine Verwandtinn von Ihnen, Madame?

Mad. Hochmann. Sie war es, eh Ihr Sohn sie verführte.

Charlotte. Madame, Sie thun ihm Unrecht: seine Absichten auf mich waren immer ehrbar und rechtschaffen, und sind es noch; er hat mir nie etwas gesagt, daß das tugendhafteste Mädchen nicht hätte anhören dürfen.

Val. Der morgende Tag soll Ihnen Ihren Verdacht benehmen.

Mad. Hochmann. Wie, Herr Gutall, haben Sie Ihrem Sohne seine Ausschweifungen vergeben?

Gutall. Ist dies Mädchen Ihre Erbin?

Mad.

Mad. Hochmann. Ich hatte sie einstens
dazu bestimmt.

Gutall. Ey, Madame, mir gefällt ihre
großmüthige Liebe zu meinem Sohne so sehr, daß
wenn Sie Ihrer Nichte ein Vermögen vermachen
wollen, das dem gleich kömmt, was ich itzt gleich
meinem Sohne zu geben denke, so will ich ihre
Glückseligkeit gar nicht hintern.

Mad. Hochmann. So! Nun, ich sehe,
daß sie ganz die seinige ist; sie liebt ihn über die
Maaßen, und er! er hat auch keine unehrliche
Absichten auf Sie gehabt; Nun, das ist mir
doch alles lieb: was in meinem Vermögen ist,
will ich thun, damit der Handel richtig wird.

Val. Gott segne Sie beyde! itzt Charlotte bin ich in der That glückselig.

Altschloß. Madame, was soll denn aus
meiner Person werden?

Mad. Hochmann. Das kann ich Ihnen
unmöglich sagen; Sie wissen, daß ich Ihre
Freundinn war, allein meine Nichte fand es
für gut, ihr Herz anderstwo zu verschenken.

Altschloß. Ihre Nichte hat gehandelt,
wie — Potz tausend! ich bin zornig; um ihrent-

willen

willen will ich mich in meinem Leben nicht wieder verlieben. Ich bin's entschlossen.

!(geht zornig ab.)

Mad. Hochmann. Das ist eben kein unkluger Entschluß.

Gutall. Valentin, ich hoffe, daß Du gegen die väterliche Zärtlichkeit, mit der ich Dir verziehen habe, dankbar seyn wirst; laß Dir die Gefahr, in die Du dich durch Deine Ausschweifungen gestürzt hast, instünftige zur Warnung dienen.

Val. Herr Vater, wenn meine Dankbarkeit für Ihre große Liebe nicht vermögend wäre, mich zu bessern, so laufe ich doch weiter keine Gefahr mich wieder in ein Laster einzulassen, wodurch dieses Frauenzimmer leiden könnte.